学生に贈る

深呼吸する言葉

「深呼吸する言葉」について

著者の橘川幸夫は、大学生の時に友人の渋谷陽一らと、音楽雑誌『ロッキング・オン』を創刊した。それ以降、参加型メディアをテーマにして、メディア開発の活動を続けてきた。現在、多摩大学経営情報学部の客員教授として、メディアについての講義を担当している。

「深呼吸する言葉」は、橘川が提唱した、インターネット時代の詩の運動である。百文字以内の短い文章の中に、自由にメッセージを込めることができる。自分が生きた経験の中で実感したことだけを言葉に凝縮させてあります。

朝の言葉

人は、いつだって今が一番新しく、今が一番若い。

元気であること。それが人間の一番大切な仕事だ。

古いものは終わりを目指す。新しいものは始まりを目指す。

人を好きになることが最高のエンターテイメントだ。

未来は不思議だという心が今日を面白くする。

人生にはネジがある。
何もしなくても自然とゆるむネジである。
時々、意識的に締め付ける必要がある。

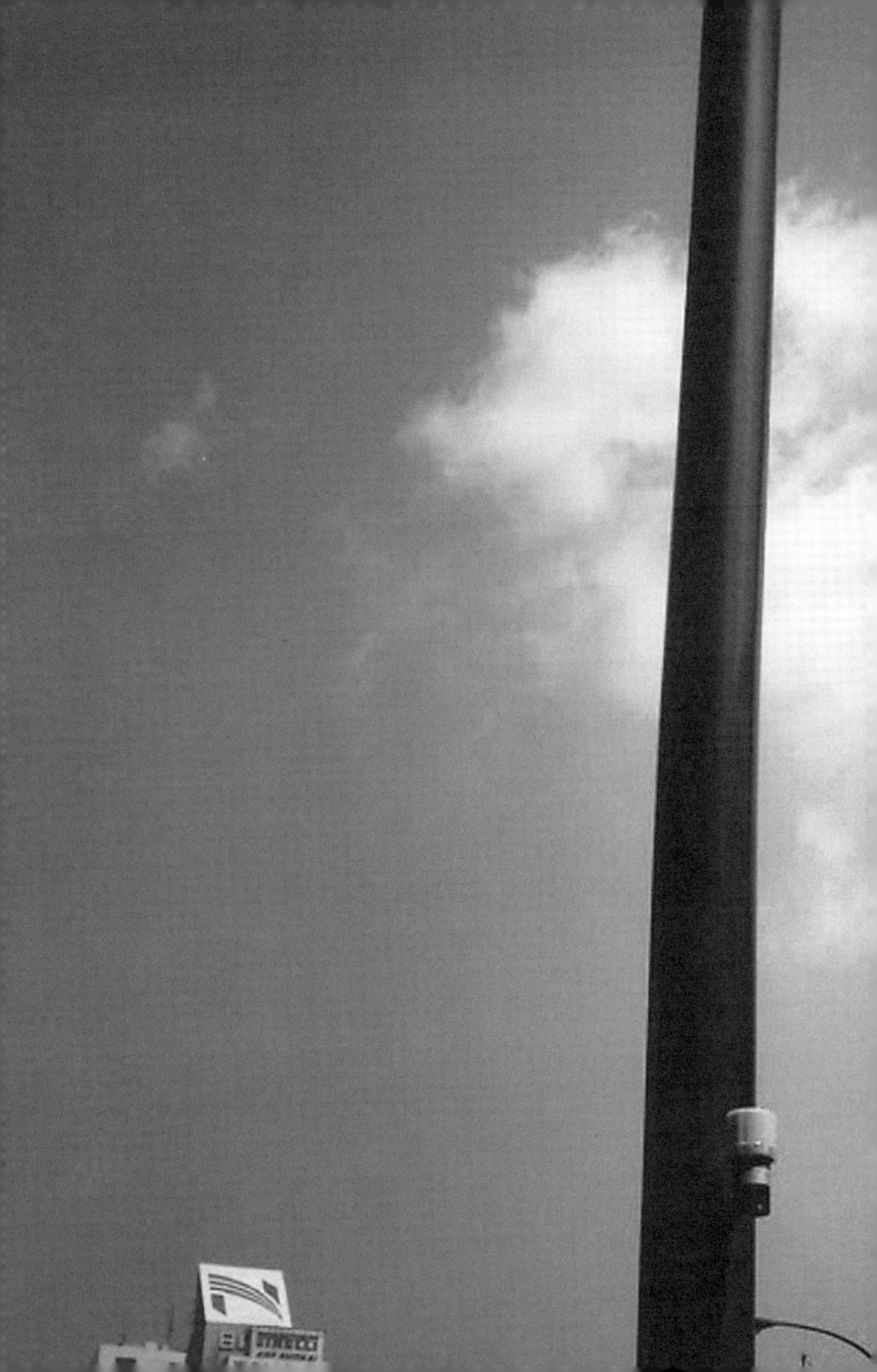

まだ何も獲得していないのだから、
失うものがないのは当たり前。

晴れた日には、知識も情報も経験もないところに立ってみる。

やってみないと分からないことだけが、生きてる知識。

正しいことよりも、正直な気持ち。

偏ってない十代なんて意味ねぇ。

新しい時代を作るとは、
君たちが新しい大人になるということ。

朝、はじまるものと、朝、おわるものがある。

笑うときはみんなで笑う。泣くときはひとりで泣く。

たまには諦めることを選ぶのも、すがすがしいものだ。

若さとは、自分で使う以外に誰にもあげられない。
売買不可能なものだけを信じよう。

人は成長するのではない。変化していくのだ。

スタートラインは誰かが用意してくれるものではない。
自分で何かを決めたら、そこがスタートラインになる。

良い読者を掴んだものが良い作家になる。
良い顧客を掴んだものが良いメーカーになる。
良い友だちを選んだ者が良い人生を送る。
自分ひとりでは幸福になれない。

本気になれない人は、自分を信じていない人。
こういう時代だ。
自分ぐらい自分のことを信じてやらないで、どうする？

毎朝、シャボン玉のように自分が生まれる。
朝陽に会いに行こう。

夜、一時間夜更かししても何も得るものはないが、
朝、一時間早起きして得るものの豊かさといったら。

未来は現在の延長にはない。
ある場所である距離だけをジャンプした者だけが
未来に進める。

若いから新しいことができるのではない。
新しいことができるから若いのだ。

昼の言葉

探し物は最初に探したところで見つかることが多い。

社会というのは、社会に参加している、
ひとりひとりの日々の時間の使い方で決定される。

質問できない人は、永久に回答を得られない。

自分たちの世代を信じたかったら、
自分たちの世代の音楽を聞け。

BUYA
aisei neon
大盛堂商事

SHIBUYA
109

約束をちゃんと守る人ほど、
約束を破られてもパニックにならない。

自分に対する最良の教育者は、自分だ。

仕事と作業を混同しないように。

最初は笑って許す。
二度目は怒って許す。
三度目は笑って許さない。
四度目はない。

通行止

喜びとは自分の気持ちを相手に伝えられること。
幸福とは伝わったことが確かめられたこと。

微妙という言葉で結論から逃げるな。

弱い奴というのは自分の弱さを語る奴ではない。
弱いことを克服しようとしない奴だ。

メールは電話。
読んだらすぐに返信しないと、相手の声が薄れてくる。

批判はしても否定してはいけない。
嫌悪はしても軽蔑してはいけない。
それが、自分が自分であり続けるための最低限のラインだ。

友だちとは　暇な時に会う関係。
それ以上の関係とは、会うために暇を作る関係。

反抗期や倦怠期。そういう時期があるのではなくて、
そうなるための理由があるからだよ。

他人の考えなんて、賛成することもあれば、
賛成しかねることもあるのが当たり前。
全面否定したり全面肯定する人は
自分の視点が不在ということだ。

生活の中に笑いのない人は信用できない。

人の悪口を言う人は
人に大事に扱ってもらいたい甘えん坊さんだ。

ST.LOUIS
ROADINGO

ふと思いついたけどいつの間にか忘れてしまった言葉。
それがあなたの潜在能力というものになる。

人生は短くもなければ長くもない。
ただ、与えられた時間の距離があるだけ。

崩壊していく企業は、
次の時代への想像力をもたなかったからだ。

暇な人ほど何もしない。何もしないから暇になるのだから。

渡すべきは心であって言葉ではない。
言葉は心の包装紙。包装紙だけもらって喜ぶ人はいない。

言葉を発したあとで、
相手の心の壁から返ってくる山彦を聞き逃すな。

人にダマされても、ダマし返さない強さをもとう。

考える上で一番大切なことは、
考えを聞いてくれる人がいるということだ。

十代の君に贈る。
無知であることを武器にできるのは今だけだぞ。

迷い道ほど自分が鍛えられる道。

生まれたままの姿で愛されているうちは半人前。
人を好きになって、人を愛して、やっと一人前。

現代社会においては、誰かを批判すると、
その批判は自分にはねかえってくる。
それを覚悟した上で、多いに批判しよう。

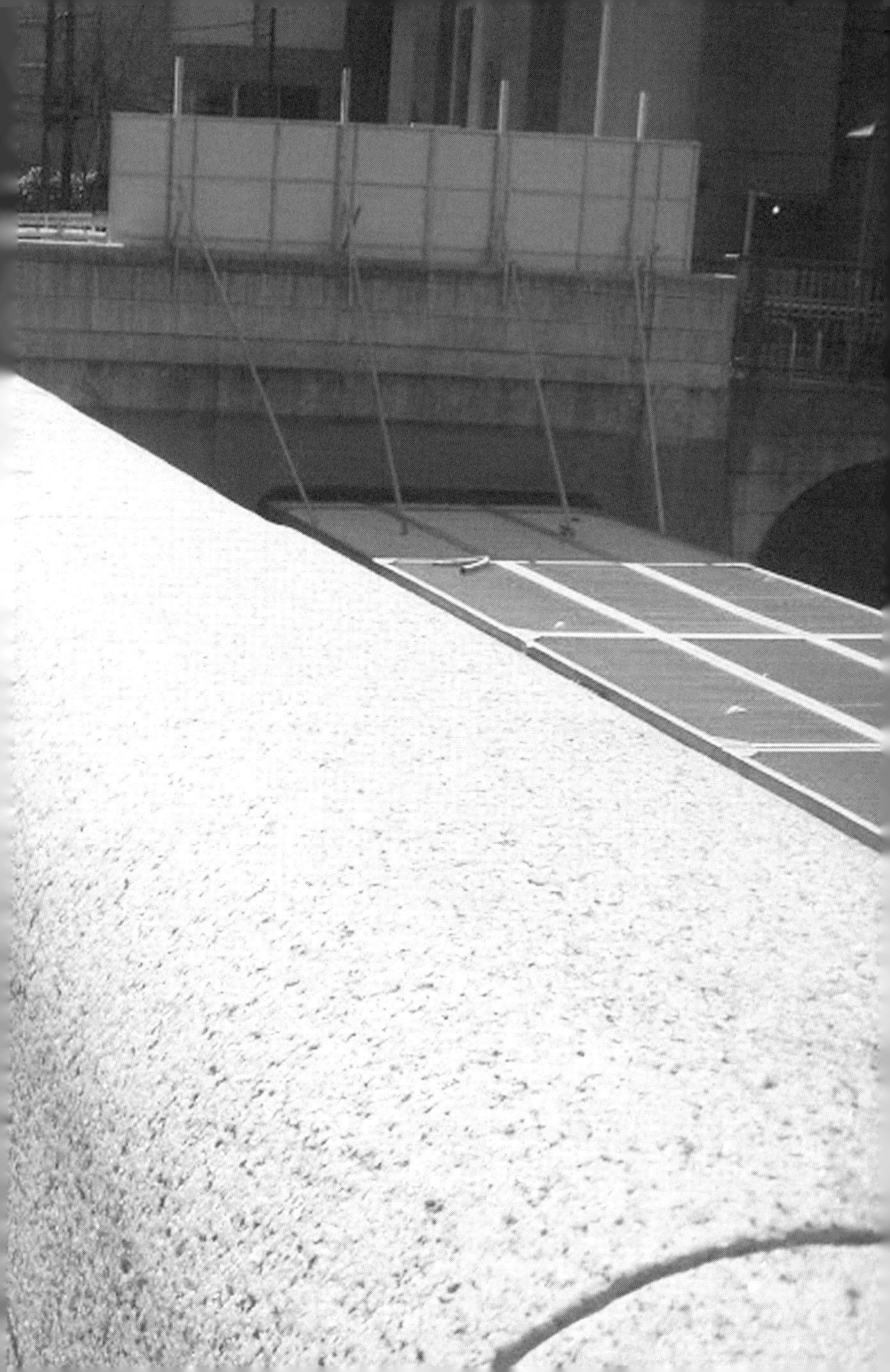

誰かに決められた締切りではなく、
自分で決めた締切りに忠実に。

考えすぎることは悪いことではない。
問題なのは考えてもいないのに、考えてるふりをすること。

自分にご褒美をあげようとばかりしないで、
たまには他人にご褒美をあげてみたらどうですか。
それが大人になるということ。

新しいとは、どれだけ真剣に古いものを見つめ抜いたかだ。

友だちの友だちは、赤の他人に決まってる。
一対一の関係をなめないように。
磨く必要のない技術というものもある。

見捨てられる前に、見捨てよ！

怠惰とは「やむを得なかったこと」が日常化すること。

自分に強いるものがある人は他人に優しい。
他人に強いるものがある人は自分に甘い。
熱くならなくて良いところで熱くなる奴は、うっとおしいが、
熱くなるべきところで熱くならない奴は信用できない。

意味のない笑いが、あなたから本当の笑顔を奪っている。

プレゼントが嬉しいのは、
会っていない時に自分を意識してくれたことが嬉しいのだ。

人に好かれる能力は、
人を好きになることでしか育まれないからね。

夜の言葉

誰にも言えないことがあるとしたら、
それはむしろあなたの宝物として扱え。

煮物は冷めていく時に味を吸い込む。
人の成長も冷めていく時に何を吸収するかで決まる。

君の心は君が好きだし、君の体は君を大切にする。
そのことを信じていれば、大抵の困難さは突破できる。

勇気には二種類ある。
振り返らない勇気と、振り返る勇気。

豊かな人生とは思い出に生命力を与えられること。

病気のふりをしてると病気になるぞ。

感情にも役割がある。
人を大きくするのは喜びであり、
人を強くするのは悲しみである。

みじめな気持ちは、最高のスタートラインだ。

来客のない部屋は汚れる。心の中も。

全ての病気は眠りの中で治療される。
治らなければ二度と目覚めない。

地獄を見た者だけが天使になれる。
地獄を見た者しか天使になれない。

砂漠もあれば深海もある。
山脈もあれば小島もある。
心の中の地形は世界と同じ。

死は怖い。
しかし、死の恐怖を克服できるのは不老不死の技術ではなく、
生の喜び以外にはあり得ない。

自分を愛しすぎると、寂しがり屋になるよ。
自分は、ほどほど愛して。

人生にやりなおしはきかないが、再スタートはできる。

夕焼けがきれいだったら、夕焼けの方向に進んでみればよい。

他人とは別の生物であると思った方が良い。

生きる、とは、

「これをやっておかないと死ねない」

というテーマをもつことだけである。

心の底から欲しいものを諦めるために、
どーでもよいものを欲しがっていないか
自己検証してみよう。

泣いてよいのは、大切な人を失った時だけ。

目をつぶらないと見えないものがある。
目をしっかり開けないと聞こえない声がある。

本当に傷ついたことのない人ほど、すぐ傷つく。

世界には同じ形をしたものはない。言葉もまた。

人生の時間の大半は、待ち合わせの時間だ。

大それたことを考える小心者が好き。

愛する人とは、いつも目の前にいる人ではなく、
目の前にいなくても、
いつも、目の前にいるように思える人のことだ。
いつも自分を見てくれていると思える人だ。
だから、その人が死んでしまっても、愛する人は変らない。

不確かなものを愛せよ。
確かすぎるものに愛されるな。

わめくな、叫べ。
上っ面ではない、自分の一番深いところから声を発せよ。

人間関係の失敗には金利がつく。
なるべく早く返した方が良い。

不完全であることを自覚していない者を未熟者という。
不完全なのに完全だと思い込んでいる者を愚か者という。

若い才能は、一人で成長して開花するのではない。
最初は無名の若者として何事かのグループに群れる。
そして、そのグループから離脱して、一人の才能になるのだ。
僕は、そういうグループの空間を創りたいのだ。
それが僕が若い時に意識した「本当の学校」のイメージ。

心は勇者にもなるし臆病者にもなる。
役者やのう。

猜疑心の強い人は、だまされることはないが、
愛されもしない。
心根の優しい人は、だまされることがあるが、
愛されもする。

僕が望んでいるものは、本当に僕が望んでいるものだろうか。
それとも望まされているものだろうか。
その質問だけが思想。

生きるとは、捻じ曲げられたものを捻り返して、
真っ直ぐにすること。

目が二つあって耳が二つあって鼻の穴が二つある。
世界のビジョンを吸収して深く認識し、
たった一つの口で語り始める。

未来が明るい希望なのではない。
あなたの希望の輝きが未来なのだ。

人はちょっとしたことで傷つく。
だから、きっと、ちょっとしたことで復活するはず。

新しい出会いばかりを求めるのではなく、
しっかりとした「さようなら」を言えるようにしよう。

強く深く静かに柔らかく。

橘川幸夫

1950年2月4日、東京新宿生まれ。'72年、渋谷陽一らと音楽投稿雑誌『ロッキング・オン』創刊。'78年、全面投稿雑誌『ポンプ』を創刊。その後、さまざまなメディアを開発する。'83年、定性調査を定量的に処理する「気分調査法」を開発。商品開発、市場調査などのマーケティング調査活動を行う。80年代後半より草の根BBSを主催、ニフティの「FMEDIA」のシスオペを勤める。'96年、株式会社デジタルメディア研究所を創業。インターネット・メディア開発、企業コンサルテーションなどを行う。'04年、小規模コンテンツ流通システムとしてのオンデマンド出版社「オンブック」を創業。'06年、文部科学省の「新教育システム開発プログラム」に「ODECO」が採択され、開発・運用。'08年、「インターネット時代の新体詩運動」として「深呼吸する言葉ネットワーク」を推進。原稿執筆、講演など多数。

＜著作＞
『企画書』('80/宝島社)『メディアが何をしたか？』('84/ロッキングオン社)『ナゾのヘソ島』('88/アリス館)『一応族の反乱』('90 / 日本経済新聞社)『生意気の構造』('94/日本経済新聞社)『シフトマーケティング』('95/ビジネス社)『21世紀企画書』('00/晶文社)『インターネットは儲からない！』('01/日経BP社)『暇つぶしの時代』('03/平凡社)『やきそばパンの逆襲』('04/河出書房新社)『風のアジテーション』('04/角川書店)『自分探偵社』('04/オンブック)『ドラマで泣いて、人生充実するのか、おまえ。』('08/バジリコ)『希望の仕事術』('10/バジリコ)『森を見る力』('14/晶文社)『ロッキング・オンの時代』('16/晶文社)。

mail:kit@demeken.co.jp
URL:https://note.mu/metakit
Twitter:metakit
facebook:https://www.facebook.com/metakit

★橘川幸夫のコンセプトバンク・サロン(通称・CBサロン)
http://urx.red/BBb3

★橘川幸夫コミュニティ・マガジン
http://urx.red/BBaL

学生に贈る　深呼吸する言葉

2017年3月1日　初版第一刷発行

著　者　　橘川幸夫

発　行　　多摩大学出版会
東京都多摩市聖ヶ丘4-1-1　〒206-0022
TEL：042-337-7299／FAX：042-337-7279

発　売　　メタ・ブレーン
東京都渋谷区恵比寿南3-10-14-214　〒150-0022
Tel：03-5704-3919／Fax：03-5704-3457
URL：http://www.web-japan.to

Printed in Japan